APRENDIZAGEM MÁQUINA EM AÇÃO

UMA OBRA PARA O LEIGO

ALAN T. NORMAN

Tradutor: Vitor SIlva

ÍNDICE

Porque é Que Eu Escrevi Este Livro

Bem-vindo ao mundo da aprendizagem de máquina!

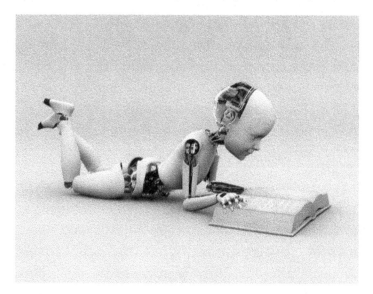

A inteligência artificial está pronta para mudar o curso da história humana, talvez mais do que qualquer tecnologia. Uma grande parte dessa revolução é a aprendizagem de máquina.

A aprendizagem de máquina é a ciência de ensinar computadores a fazer previsões baseado em dados. Num nível básico, a aprendizagem de máquina envolve fornecer ao computador um conjunto de dados e solicitar que ele faça uma previsão. No início, o computador terá muitas previsões erradas. No entanto, ao longo de milhares de previsões, o computador ajustará o seu algoritmo para fazer melhores previsões.

Este tipo de computação preditiva costumava ser impossível. Os computadores simplesmente não conseguiam armazenar dados suficientes ou processá-los com rapidez suficiente para aprender com eficiência. Agora, a cada ano, os computadores estão a ficar mais inteligentes a um ritmo acelerado. Os avanços no armazenamento de dados e no poder de processamento estão a direcionar essa tendência para máquinas mais inteligentes. Como resultado, os computadores de hoje estão a fazer coisas impensáveis há apenas uma ou duas décadas.

A aprendizagem de máquina já está a afetar a sua vida diáriamente. A Amazon usa a aprendizagem de máquina para prever quais os produtos que você deseja comprar. O Gmail usa-o para filtrar mensagens de spam da sua caixa de entrada. As suas recomendações de filmes no Netflix são baseadas em algoritmos de aprendizagem de máquina.

No entanto, os impactos da aprendizagem de máquina não param por aí. Os algoritmos de aprendizagem de máquina estão a fazer previsões em todos os tipos de indústrias, da agricultura à saúde. Além disso, os seus impactos serão sentidos em novas indústrias e formas a cada ano. À medida que essas novas aplicações de aprendizagem de máquina surgirem, gradualmente as aceitaremos como parte da vida normal. No entanto, essa nova dependência de máquinas inteligentes é um ponto de viragem na história da tecnologia, e a tendência está apenas a se acelerar.

No futuro, a aprendizagem de máquina e a inteligência artificial geralmente impulsionarão a automação de muitas tarefas que os humanos realizam hoje. Os carros autónomos dependem da aprendizagem de máquinas para reconhecimento de imagem e cada vez mais fazem parte do transporte, assim como camiões autónomos e outros veículos para transportar mercadorias. Atualmente, grande parte da agricultura e manufactura é automatizada, de modo a que a aprendizagem de máquina forneça os alimentos que consumimos e os bens que usamos. A tendência para a automação está apenas a se acelerar. Outras aplicações de aprendizagem de máquina podem mudar fundamentalmente os trabalhos que os humanos realizam no dia a dia, à medida que as máquina se tornam mais hábeis no gerenciamento de processos e na conclusão do trabalho de conhecimento.

Como a aprendizagem de máquina terá um impacto tão profundo na vida quotidiana, é importante que todos tenham acesso a informações sobre como ele funciona. Por isso escrevi este livro. O cenário atual para informações de aprendizagem de máquina é dividido.

Primeiro, há explicações para o público em geral que deitam abaixo os conceitos. Esses explicadores fazem a aprendizagem de máquina parecer algo que apenas um especialista poderia entender.

Segundo, existem os documentos técnicos escritos por especialistas para especialistas. Eles excluem o público em geral com gíria e complexidade. Obviamente, escrever e executar um algoritmo de aprendizagem de máquina é um enorme feito técnico, e essas explicações técnicas são importantes. No entanto, há um buraco na literatura atual sobre aprendizagem de máquina.

E o leigo que realmente quer entender esta revolução tecnológica, não necessariamente para escrever código, mas para entender as mudanças que estão a acontecer ao seu redor? A compreensão dos conceitos principais da aprendizagem de máquina não se deve limitar a uma elite tecnológica. Essas mudanças irão nos afetar a todos. Eles têm consequências éticas e é importante que o público conheça todos os benefícios e desvantagens da aprendizagem de máquina.

Por isso escrevi este livro. Se isso lhe parece interessante, espero que você goste.

Este Livro não é sobre a codificação de algoritmos na aprendizagem de máquina

Se o manifesto de uma introdução não foi suficientemente claro: este não é um livro sobre codificação. Não é para cientistas da computação aprenderem como criar algoritmos de aprendizagem de máquina.

Por um lado, quase que não estou qualificado para escrever um livro como este. As pessoas passam anos a aprender os meandros da escrita de algoritmos e redes de testes. Existem programas inteiros de doutoramento que exploram as margens do campo, baseando-se em álgebra linear e estatística preditiva. Se você se aprofundar nos detalhes da aprendizagem de máquina e adorar o suficiente para obter um doutoramento, poderá facilmente ganhar US $300 mil a US $600 mil a trabalhar para uma grande empresa de tecnologia. É assim que essas habilidades são raras e valiosas.

Eu não tenho essas qualificações e acho que é uma coisa boa. Se você comprou este livro, significa que é um iniciante interessado em aprendizagem de máquina. Provavelmente você não é técnico ou, se você fôr, está à procura de um livro básico para começar a usar os conceitos básicos. Como escritor de tecnologia, estou constantemente a aprender sobre tecnologias. Sou estudante de aprendizagem de máquina e lembro-me como é ser iniciante. Eu posso ajudar a explicar os conceitos básicos de maneiras fáceis de entender. Depois de ler este livro, você terá uma sólida compreensão dos princípios básicos que tornarão mais fácil avançar para um livro mais avançado, caso você queira saber mais.

Dito isso, se você sente que já entende os princípios fundamentais ou deseja realmente um livro que lhe possa ensinar os detalhes básicos de como escrever e testar um algoritmo de aprendizagem de máquina, esse provavelmente não é o livro para si.

UMA OBRA PARA O LEIGO

O objetivo real deste livro é ser uma introdução fácil de ler sobre aprendizagem de máquina. O meu objetivo é escrever um livro que qualquer um possa ler, mantendo-se fiel aos princípios da aprendizagem de máquina e não aldrabando os conceitos. Estou confiante na inteligência dos meus leitores e não acho que o livro de um iniciante precise necessariamente sacrificar a complexidade e as nuances. Dito isto, este não é um livro grande, e nem de longe é abrangente. Os interessados no tópico desejam aprofundar-se noutros livros e pesquisas.

Neste livro, veremos os conceitos e tipos básicos de aprendizagem de máquina. Investigaremos como eles funcionam. Em seguida, exploraremos os problemas dos conjuntos de dados e escreveremos e treinaremos um algoritmo. Por fim, veremos alguns casos de uso do mundo real para aprendizagem de máquina e locais onde a aprendizagem de máquina pode ser usada a seguir.

Mais uma vez, bem-vindo à aprendizagem de máquina. Vamos mergulhar...

CAPÍTULO 1. O QUE É APRENDIZAGEM DE MÁQUINA?

O objetivo deste primeiro capítulo é definir uma estrutura para o restante do que você lerá neste livro. Aqui, definiremos os conceitos básicos que exploraremos com mais detalhes nos próximos capítulos. Este livro baseia-se em si mesmo, e este capítulo é apenas o essencial.

Dito isto, o ponto lógico para começar é definir o que queremos dizer quando falamos sobre aprendizagem de máquina.

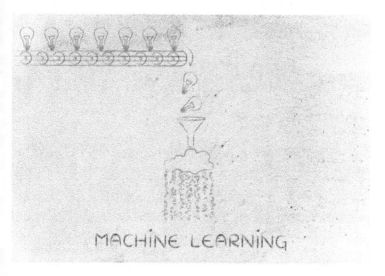

MACHINE LEARNING

A minha definição simples é assim: a aprendizagem de máquina permite que um computador aprenda com a experiência.

Isso pode parecer trivial, mas se você quebrar essa definição, ela terá implicações profundas. Antes da aprendizagem de máquina, os computadores não podiam melhorar com a experiência. Em vez disso, o que o código disse foi o que o computador fez.

A aprendizagem de máquina, na sua explicação mais simples, envolve permitir que um computador varie as suas respostas e introduzir um ciclo de feedback para respostas boas e ruins. Isso significa que os algoritmos de aprendizagem de máquina são fundamentalmente diferentes dos programas de computador que vieram antes deles. Compreender a diferença entre programação explícita e treino de algoritmos é o primeiro passo para ver como a aprendizagem de máquina muda fundamentalmente a ciência da computação.

Programação explícita vs. treino de algoritmos

Com algumas exceções recentes, quase todos os softwares que você usou na sua vida foram explicitamente programados. Isso significa que alguns humanos escreveram um conjunto de regras para o computador seguir. Tudo, desde o sistema operativo do seu computador até a Internet e aplicativos no seu telefone, possui um código que um humano escreveu. Sem humanos a darem a um computador um conjunto de regras para agir, o computador não seria capaz de fazer nada.

A programação explícita é ótima. É a espinha dorsal de tudo o que fazemos atualmente com computadores. É ideal para quando você precisa de um computador para gerenciar dados, calcular um valor ou acompanhar os relacionamentos para você. A programação explícita é muito poderosa, mas possui um gargalo: o humano.

Isso torna-se problemático quando queremos fazer coisas complexas com um computador, como pedir para reconhecer uma foto de um gato. Se usássemos programação explícita para ensinar a um computador o que procurar num gato, passaríamos anos a escrever código para cada contingência. E se você não conseguir ver as quatro pernas da foto? E se o gato tiver uma cor diferente? O computador poderia escolher um gato preto sobre fundo preto ou um gato branco na neve?

Essas são todas as coisas que tomamos como certo como seres humanos. O nosso cérebro reconhece as coisas rápida e facilmente em muitos contextos. Os computadores não são tão bons nisso e seriam necessários milhões de linhas de código explícito para dizer ao computador como identificar um gato. De facto, talvez não seja possível programar explicitamente um computador para identificar 100% dos gatos com precisão, porque o contexto sempre pode mudar e atrapalhar o seu código.

É aqui que os algoritmos entram em jogo. Com a programação explícita, estávamos a tentar dizer ao computador o que é um gato e fazer concessões para todas as contingências no nosso código. Por outro lado, os algoritmos de aprendizagem de máquina permitem ao computador descobrir o que é um gato.

Para começar, o algoritmo pode conter alguns recursos principais. Por exemplo, podemos dizer ao computador para procurar quatro pernas e uma cauda. Em seguida, alimentamos o algoritmo com muitas fotos. Algumas das imagens são gatos, mas outras podem ser cães, árvores ou imagens aleatórias. Quando o algoritmo adivinhar, reforçamos as suposições corretas e fornecemos feedback negativo por suposições incorretas.

Com o tempo, o computador usará o algoritmo para criar o seu próprio modelo do que procurar para identificar um gato. Os componentes no modelo do computador podem ser coisas em que nem pensávamos inicialmente. Com mais reforço e milhares de imagens, o algoritmo irá se tornar gradualmente melhor na identificação de gatos. Talvez nunca atinja 100% de precisão, mas será preciso o suficiente para substituir uma etiquetadora de imagens de gatos humanos e ser mais eficiente.

Algoritmos são diretrizes, mas não são regras explícitas. Eles são uma nova maneira de dizer ao computador como abordar uma tarefa. Eles introduzem loops de feedback que se corrigem automaticamente ao longo de centenas ou milhares de tentativas numa tarefa.

DEFINIÇÕES: INTELIGÊNCIA ARTIFICIAL VS. APRENDIZAGEM DE MÁQUINA VS REDES NEURAIS

Este livro é sobre aprendizagem de máquina, mas esse termo encaixa-se num contexto maior. Como a aprendizagem de máquina está a crescer em popularidade, está a receber muita cobertura de notícias. Nesses artigos, os jornalistas costumam usar os termos inteligência artificial, aprendizagem de máquina e redes neurais de forma intercambiável. No entanto, existem pequenas variações entre os três termos.

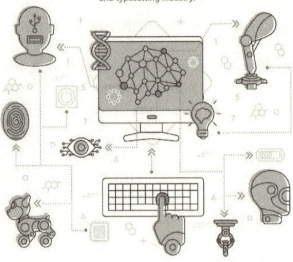

Artificial Intelligence

Lorem Ipsum is simply dummy text of the printing and typesetting industry.

A inteligência artificial é o mais antigo e o mais amplo dos três termos. Cunhada em meados do século 20, a inteligência artificial refere-se a qualquer momento em que uma máquina observa e responde ao seu ambiente. A inteligência artificial contrasta com a inteligência natural em humanos e animais. Com o tempo, no entanto, o escopo da inteligência artificial mudou. Por exemplo, o reconhecimento de caracteres costumava ser um grande desafio para a IA. Agora, é rotina e não é mais considerada parte da IA. À medida que descobrimos novos usos para a IA, os integramos ao nosso quadro de referência para o que é normal, e o escopo da IA estende-se a qualquer que seja a próxima novidade.

A aprendizagem de máquina é um subconjunto específico da IA. Já passamos algum tempo a defini-lo neste capítulo, mas refere-se a dar a uma máquina um ciclo de feedback que lhe permite aprender com a experiência. Como termo, a aprendizagem de máquina existe desde os anos 80. Somente recentemente, nos últimos 10 a 15 anos, tivemos o poder de processamento e armazenamento de dados para realmente começar a implementar a aprendizagem de máquina em escala.

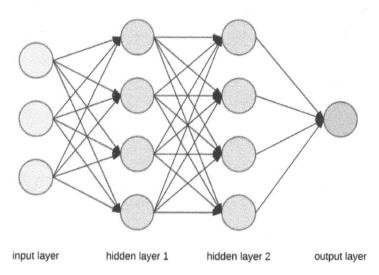

input layer   hidden layer 1   hidden layer 2   output layer

As redes neurais são um subconjunto de aprendizagem de máquina e são a tendência mais quente do sector no momento. Uma rede neural consiste em muitos nós que trabalham juntos para produzir uma resposta. Cada um dos nós mais baixos possui uma função específica. Por exemplo, ao olhar para uma imagem, os nós de baixo nível podem identificar cores ou linhas específicas. Nós posteriores podem agrupar as linhas em formas, medir distâncias ou procurar densidade de cores. Cada um desses nós é ponderado pelo seu impacto na resposta final. No início, a rede neural cometerá muitos erros, mas, ao longo de muitas tentativas, atualizará o peso de cada nó para melhorar a localização da resposta correta.

Agora, quando você ler um artigo sobre IA, aprendizagem de máquina ou redes neurais, entenderá a diferença. A chave é perceber que eles são subconjuntos. As redes neurais são apenas um tipo de aprendizagem de máquina que, por sua vez, é apenas parte da inteligência artificial.

CONCEITOS BÁSICOS

A aprendizagem de máquina pode implantar em muitos casos de uso. Desde que haja dados significativos para analisar, a aprendizagem de máquina pode ajudar a lhes dar sentido. Como tal, todo o projeto de aprendizagem de máquina é diferente. No entanto, existem cinco partes principais de qualquer aplicativo de aprendizagem de máquina:

1. O PROBLEMA

A aprendizagem de máquina é útil em qualquer lugar em que você precise reconhecer padrões e prever o comportamento com base em dados históricos. Padrões de reconhecimento podem significar desde reconhecimento de caracteres até à manutenção preditiva, recomendação de produtos a clientes com base em compras anteriores.

No entanto, o computador não entende inerentemente os dados ou o problema. Em vez disso, um cientista de dados precisa de ensinar ao computador o que procurar usando o feedback adequado. Se o cientista de dados não definir bem o problema, mesmo o melhor algoritmo testado no maior conjunto de dados não produzirá os resultados desejados.

Why can't the machines
learn new things quickly?

Well, because they
are just machines!

Why can't humans be
as efficient as us?

Well, because they
are just humans!

Está claro que a aprendizagem de máquina ainda não é adequada ao raciocínio simbólico de alto nível. Por exemplo, um algoritmo pode ser capaz de identificar uma cesta, ovos coloridos e um campo, mas não seria possível dizer que é uma caça aos ovos de Páscoa, como a maioria dos seres humanos faria.

Normalmente, os projetos de aprendizagem de máquina têm um problema específico muito restrito, para o qual estão a encontrar uma resposta. Um problema diferente exigirá uma nova abordagem e possivelmente um algoritmo diferente.

2. Os Dados

A aprendizagem de máquina é possível em escala devido à quantidade de dados que começamos a coletar nos últimos anos. Essa revolução do big data é a chave que desbloqueou o treino complexo com algoritmos. Os dados estão no centro do ajuste de um algoritmo de aprendizagem de máquina para dar a resposta certa.

Como os dados são tão centrais para a aprendizagem de máquina, os resultados são um reflexo direto das entradas. Se houver uma tendência nos dados, o algoritmo de aprendizagem de máquina aprenderá a ser tendencioso. Por exemplo, preditores de contratação de candidatos, recomendações de sentenças judiciais e diagnóstico médico estão todos a usar a aprendizagem de máquina e todos eles têm algum nível de tendência cultural, de genero, raça, educação ou outra tendência incorporada aos datasets que os treinam.

A tendência vai além do preconceito na coleta de dados. Às vezes, os dados enganam um algoritmo de outras maneiras. Considere o caso de um modelo militar de aprendizagem de máquina treinado para procurar tanques camuflados numa floresta. Os cientistas de dados treinaram o algoritmo num conjunto de fotos, algumas das quais com tanques nas árvores e outras com apenas árvores. Após o treino, o modelo obteve precisão quase perfeita nos testes realizados pelos cientistas de dados. No entanto, quando o modelo entrou em produção, não funcionou para identificar os tanques. Acontece que no conjunto de dados de treino, as fotos dos tanques foram tiradas num dia ensolarado, enquanto as fotos somente da floresta foram tiradas num dia nublado. O algoritmo aprendeu a identificar dias ensolarados vs. dias nublados, não tanques!

Nenhum dataset é perfeito, mas podemos tomar precauções para torná-los menos tendenciosos. As principais precauções vêm das estatísticas. Quando possível, os dados devem ser uma amostra aleatória da população-alvo. O tamanho da amostra deve ser grande o suficiente para que você possa tirar conclusões significativas dos resultados com um alto nível de confiança. Os dados devem ser rotulados e limpos com precisão para pontos de dados ruins / periféricos que possam enganar o algoritmo.

Temos um capítulo inteiro para fornecer dados, onde exploraremos essas questões com mais profundidade.

3. Os Algoritmos

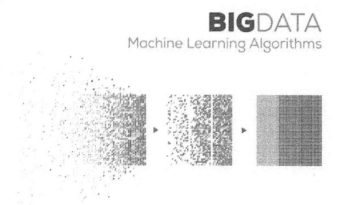

Os algoritmos são o principal componente em que as pessoas pensam quando se referem à aprendizagem de máquina. Esse é o código real que informa ao computador o que procurar e como ajustar a sua ponderação de possíveis respostas com base nas respostas que recebe.

Existem muitos algoritmos de aprendizagem de máquina bem estabelecidos neste momento. Muitos deles são pré-carregados em bibliotecas populares de codificação de ciência de dados. Criar um modelo básico de aprendizagem de máquina é tão simples quanto testar vários algoritmos pré-criados para ver qual se ajusta melhor aos dados. Cada modelo tem os seus próprios pontos fortes, pontos fracos, arquitetura e abordagem exclusiva para ponderar os resultados.

Se você é um programador que está a ler este livro e pensa em aprender aprendizagem de máquina, não cometa o erro de escrever algoritmos do zero. Eventualmente, sim, qualquer bom especialista em aprendizagem de máquina precisará saber como escrever um algoritmo. No entanto, os algoritmos disponíveis no mercado estão-se a tornar padrões da indústria e funcionam em mais de 80% dos casos de uso.

Escrever um algoritmo a partir do zero requer habilidades significativas de matemática, teoria e codificação. Também teremos um capítulo inteiro sobre algoritmos e como eles funcionam. Basta dizer que os algoritmos são a chave para um modelo de aprendizagem de máquina em ação.

4. O TREINO

O treino de um algoritmo num conjunto de dados é onde a magia acontece na aprendizagem de máquina. É a parte em que a máquina realmente aprende. É também a parte em que a aprendizagem de máquina se pode tornar intensivo em recursos. Se você está a tentar fazer algo complexo ou treinar um algoritmo num grande conjunto de dados, pode levar tempo e poder computacional significativo para obter os resultados desejados.

Geralmente o treino também vem com retornos decrescentes. Para uma determinada tarefa com uma resposta sim / não, é possível que você obtenha 80% de precisão com uma pequena quantidade de treino. Chegar a 90% levaria muito mais tempo. 95% ainda mais e com cada percentagem adicional de precisão do modelo que você deseja, mais treino (e dados de treino) será necessário. Este ajuste de precisão do algoritmo é uma parte importante do trabalho de um cientista de dados.

Normalmente, o treino de aprendizagem de máquina é estático, o que significa que você não pode treinar o modelo em tempo real. Isso significa que o modelo está em treino ou em produção. Com mais uso na produção, o modelo não melhora. Se você deseja melhorar o modelo, será necessário treiná-lo separadamente.

No entanto, é possível treinar dinamicamente um modelo. Esses aplicativos são muito mais difíceis e caros de implementar. Eles também exigem que você monitore constantemente os dados em tempo real que o algoritmo está a receber. A vantagem, é claro, é que o modelo permanece responsivo aos dados recebidos e não desatualiza com o tempo.

Outro desafio é que, durante a fase de treino, o algoritmo procura correlação, não causalidade. Um ótimo exemplo disso é o detector de camuflagem de um tanque militar que mencionei acima. O algoritmo descobriu que os dias nublados estavam correlacionados com a obtenção do resultado certo. O treino ensina o algoritmo a procurar o resultado certo, mesmo à custa dos motivos certos. Isso é bom quando a aprendizagem de máquina aponta uma variável que se correlaciona com os resultados corretos que não pensávamos procurar anteriormente. É problemático quando essa correlação acaba por ser um falso positivo de algum tipo.

Também teremos um capítulo completo sobre treino de algoritmos mais adiante neste livro. Este capítulo é apenas um esboço dos conceitos básicos para começar.

5. OS RESULTADOS

A etapa final, muitas vezes esquecida, da aprendizagem de máquina é apresentar os resultados. O objetivo da aprendizagem de máquina é produzir dados úteis para os seres humanos. Há muito trabalho que um cientista de dados deve fazer para explicar o contexto, o problema e a solução de um aplicativo de aprendizagem de máquina. Além de responder como e por que o modelo funciona, os cientistas de dados também precisam apresentar resultados de maneira acessível ao público final.

No caso do filtro de spam do Gmail, isso significa demonstrar o valor de redução de spam do filtro de aprendizagem de máquina e criar uma integração para o modelo na plataforma do Gmail. Para recomendações de produtos da Amazon, isso significa testar os resultados do modelo no mundo real.

Frequentemente, o ato de preparar e usar os resultados descobrirá algo que estava a faltar no modelo original. Assim, os projetos de aprendizagem de máquina geralmente são iterativos, adicionando mais funcionalidade e combinando vários modelos ao longo do tempo para atender às necessidades dos seres humanos no mundo real.

APRENDIZAGEM SUPERVISIONADA VS NÃO SUPERVISIONADA

A aprendizagem de máquina pode ser supervisionada, não supervisionada ou semi-supervisionada. As várias categorias dependem do tipo de dados e das suas metas para o que fazer com esses dados.

Supervised Machine Learning

The computer is given examples of inputs and typical outputs which it uses to develop and refine an algorithm. The algorithm is applied to new data and the outcome is used for further refinement. E.g. Training a computer to recognize and classify similar objects based on shape.

Unsupervised Machine Learning

Unsupervised machine learning is similar to learning without a teacher. The computer learns by exploring the data and finding structure and data patterns on its own. E.g. Learning to spot patterns in customer data based on purchasing behaviour.

APRENDIZAGEM SUPERVISIONADA

A aprendizagem supervisionada é a abordagem mais comumente usada e bem compreendida da aprendizagem de máquina. Envolve uma entrada e saída para cada pedaço de dados no seu conjunto de dados. Por exemplo, uma entrada pode ser uma imagem e a saída pode ser a resposta para "isso é um gato?"

Com a aprendizagem supervisionada, o algoritmo precisa de um conjunto de dados de treino rotulado com as respostas corretas para aprender. Esses rótulos atuam como um professor a supervisionar o aprendiz. Como o algoritmo faz suposições sobre a existência ou não de um gato na imagem, o feedback do professor (os rótulos) ajudará o modelo a se ajustar. O modelo pára de aprender quando atinge um nível aceitável de precisão ou fica sem dados de treino rotulados.

A aprendizagem supervisionada é ótima para tarefas em que o modelo precisa prever resultados. Esses problemas de previsão podem envolver o uso de estatísticas para adivinhar um valor (por exemplo, 20 kgs, US $1.498, 0,08 cm) ou a categorização de dados com base em classificações dadas (por exemplo, "gato", "verde", "feliz").

APRENDIZAGEM NÃO SUPERVISIONADA

Usamos o termo aprendizagem não supervisionada quando o conjunto de dados de treino não possui rótulos com uma resposta correta. Em vez disso, permitimos que o algoritmo tire as suas próprias conclusões comparando os dados consigo mesmo. O objetivo é descobrir algo sobre a estrutura ou distribuição subjacente do conjunto de dados.

A aprendizagem não supervisionada pode ser usada para problemas de agrupamento, onde os dados devem ser organizados em grupos semelhantes. Também podemos usá-la para problemas de associação para descobrir quais variáveis se correlacionam.

APRENDIZAGEM SEMI-SUPERVISIONADA

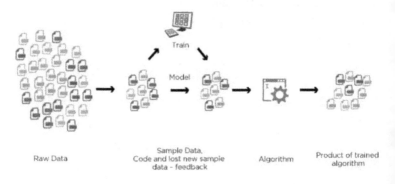

Em muitos casos, apenas parte do conjunto de dados é rotulada e é aí que entra a aprendizagem semiestruturada. Quando a maioria do conjunto de dados não é rotulada, geralmente devido ao custo de contratar pessoas para rotular os dados, ainda podemos usar uma combinação de técnicas supervisionadas e não supervisionadas para tirar conclusões dos dados.

A aprendizagem não supervisionada pode-nos ajudar com a estrutura e distribuição do conjunto de dados. Em seguida, podemos usar os poucos rótulos que temos como dados de treino supervisionado. Se usarmos esses dados no restante do conjunto de dados, poderemos potencialmente usar os resultados como dados de treino para um novo modelo.

QUAIS PROBLEMAS PODE A APRENDIZAGEM DE MÁQUINA RESOLVER?

Vamos dar uma olhada em alguns exemplos de problemas que a aprendizagem de máquina pode resolver:

- Os clientes que compraram x provavelmente compram y
- Detecção de fraudes com base em dados históricos
- Previsão de ações e negociação automatizada
- Identificação de doenças em imagens médicas
- Reconhecimento de fala para controlos de voz
- Previsão de classificações de degustação de vinhos com base em dados de vinhedo e clima
- Previsão do gosto em músicas ou programas de TV (Spotify, Netflix)
- Química combinatória para criar novos produtos farmacêuticos
- Diagnóstico de manutenção de aeronaves
- Determinar emoções e escalar incidentes em chamadas de suporte ao cliente
- Carros autonomos (reconhecendo objetos na estrada)
- Reconhecimento facial
- Marketing e publicidade micro-segmentados com base em dados demográficos
- Previsão do tempo com base em padrões anteriores

Basicamente, qualquer aplicativo que envolva classificação, previsão ou detecção de anomalias com base num grande conjunto de dados é um uso potencial para a aprendizagem de máquina. A aprendizagem de máquina está a entrar rapidamente em todos os aspectos das nossas vidas e, nos próximos anos, será uma tecnologia fundamental na sociedade, de algumas maneiras como a Internet.

A CAIXA NEGRA: O QUE NÃO SABEMOS SOBRE APRENDIZAGEM DE MÁQUINA

Se você ler sobre aprendizagem de máquina, especialmente redes neurais e aprendizagem profunda, provavelmente ouvirá referências à aprendizagem de máquina como um modelo de "caixa negra". Quando falamos de caixas negras, queremos dizer que o funcionamento interno do modelo não é exatamente claro. Por exemplo, o cérebro humano é um tomador de decisões de caixa negra (pelo menos neste momento da história). Sabemos que certas partes do cérebro são responsáveis por certas funções da vida. No entanto, não entendemos realmente como o cérebro processa entradas e envia sinais para criar pensamentos e ações (saídas).

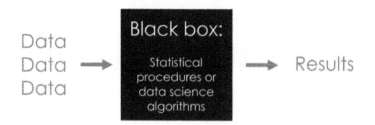

Complexidade semelhante aplica-se a alguns algoritmos de aprendizagem de máquina, especialmente aqueles que envolvem várias camadas de nós neurais ou relacionamentos complexos entre muitas variáveis. Pode ser difícil explicar, de uma maneira humana, o que o algoritmo está a fazer e porque ele funciona.

Obviamente, essa terminologia da caixa negra é um pouco inadequada na aprendizagem de máquina. De facto, podemos entender a arquitetura, padrões e pesos dos diferentes nós num algoritmo. Portanto, podemos olhar dentro da caixa negra. No entanto, o que encontramos lá pode não fazer sentido racional para nós, como seres humanos.

Nem mesmo os principais especialistas do mundo podem explicar porque um modelo de aprendizagem de máquina ponderou e combinou vários fatores da maneira que tem e, em muitos aspectos, é altamente dependente do conjunto de dados em que o modelo foi treinado. É possível que um algoritmo treinado num conjunto de dados de treino diferente possa criar um modelo completamente diferente que ainda gere resultados semelhantes.

Para esclarecer, é útil pensar nos algoritmos de aprendizagem de máquina (em cenários de aprendizagem supervisionada) como a busca de uma função como f (entrada) = saída. Quando usamos a aprendizagem de máquina para modelar essa função, a função geralmente é confusa, complexa e podemos não entender completamente todas as propriedades relevantes da função. A aprendizagem de máquina permite-nos dizer exatamente qual é a função, mas podemos não ser capazes de compreender o que a função faz ou porque elao faz.

Nesse sentido, os modelos de aprendizagem de máquina podem ter problemas de caixa negra, onde são complexos demais para entender. Mas todo o campo da aprendizagem de máquina não é necessariamente uma caixa negra.

Ainda assim, o facto de que às vezes não conseguimos entender e explicar os resultados da aprendizagem de máquina é preocupante. Tão rapidamente quanto a adoção dessa tecnologia está a crescer, a aprendizagem de máquina entra em partes das nossas vidas que têm consequências profundas e duradouras. Quando uma caixa negra prevê planos de tratamento para doenças, executa o piloto automático de um avião ou determina sentenças de prisão, queremos ter certeza de que entendemos como essas decisões estão a ser tomadas?

Ou confiamos nas máquinas e nos cientistas por trás dos algoritmos para procurar os nossos melhores interesses?

Este é um debate em andamento no coração da revolução da aprendizagem de máquina. Por um lado, confiar nos algoritmos e nos modelos pode levar a salvar vidas, maior prosperidade e conquistas científicas. No entanto, a troca de transparência é real. Não poderemos dizer definitivamente porque as nossas previsões estão corretas, apenas que o algoritmo acredita que há uma hipótese de 97,2% delas.

Não tenho uma resposta que possa amarrar perfeitamente a esse debate. Em vez disso, você precisará de formar as suas próprias opiniões com base nos benefícios e desvantagens que você vê na aprendizagem de máquina ao longo deste livro e em outras leituras. Se você está interessado neste problema, recomendo o artigo "O Segredo das Trevas no coração da IA" da MIT Technology Review (disponível on-line) para começar a aprender mais.

IR MAIS FUNDO

Felizmente, este capítulo forneceu uma visão geral fácil de digerir sobre como tudo se encaixa e o que esperar de cada capítulo componente. Nos capítulos seguintes, vamos nos aprofundar nas porcas e parafusos da aprendizagem de máquina.

Capítulo 2. Limpeza, Rotilagem & Curadoria de Datasets

Depois que um cientista de dados define um problema que gostaria de resolver, a primeira etapa de qualquer aventura de aprendizagem de máquina é encontrar um dataset com o qual trabalhar. Isso pode ser mais difícil do que parece à primeira vista. Embora certamente estejamos a viver na era do big data, encontrar dados limpos e bem rotulados para aprendizagem supervisionada com as variáveis necessárias pode ser um desafio.

Escolher o conjunto de dados correto e ter dados suficientes para treino é fundamental para o sucesso de um projeto de aprendizagem de máquina. Dados distorcidos ou incompletos podem levar à criação de um modelo de aprendizagem de máquina que seja parcial ou totalmente inútil.

A boa notícia é que existem muitos potenciais dados por aí. Normalmente, quando um cientista de dados trabalha num ambiente corporativo, a empresa já terá alguns dados que deseja analisar. Esses dados corporativos também podem precisar de estar vinculados a dados de fontes públicas.

Por exemplo, as imagens de satélite do Landsat são atualizadas diariamente no Amazon Web Services, e você pode acompanhar a construção ou o desmatamento com um algoritmo de aprendizagem de máquina. O mapeamento de código aberto do OpenStreetMap pode formar a base de um problema de mapeamento de clientes. As informações do Censo dos EUA podem fornecer informações demográficas sobre uma área. Você pode encontrar genomas humanos sequenciados e disponíveis para investigar variações genéticas. O Deutsche Bank libera dados do mercado financeiro em tempo real que permitiriam um projeto de aprendizagem de máquina sobre as tendências do mercado.

Não faltam potenciais projetos. Mas antes de usar todos esses dados, os cientistas de dados precisam de ter a certeza de que atendem a alguns critérios.

LIMPAR UM DATASET

Isto é bastante direto, mas a falha na remoção de valores incorretos afetará o desempenho do modelo. A primeira etapa para limpar um conjunto de dados é remover todos os registos que estão a faltar variáveis-chave. Em seguida, métodos estatísticos simples ajudam os pesquisadores a identificar e remover discrepâncias. Outras informações que os cientistas de dados costumam remover, incluem sempre que várias colunas são altamente correlacionadas. Eles também procuram variáveis nas quais todo o conjunto de dados mostra variação próxima de zero.

Essa limpeza de dados geralmente pode reduzir um grande conjunto de dados para uma fração do tamanho original que é realmente útil para aprendizagem de máquina.

PRECISA DATASETS MUITO GRANDES PARA APRENDIZAGEM DE MÁQUINA

Alguns algoritmos simples podem aprender num pequeno conjunto de dados. No entanto, se você tiver um problema complexo que deseja resolver com a aprendizagem de máquina, precisará de um grande conjunto de dados de treinoo. Existem algumas razões pelas quais esse é o caso.

Conjuntos de dados pequenos podem funcionar com êxito para aprendizagem de máquina quando você usa um modelo com baixa complexidade. No entanto, quanto mais diferenciados você deseja que os seus resultados sejam, maior a probabilidade de você superestimar o modelo com os dados. Sobreajuste é quando o modelo faz suposições amplas com base em dados limitados. Isso é chamado de ajuste excessivo, porque o modelo inclina-se para pontos de dados altos, baixos ou de outra forma periféricos. A resposta verdadeira pode estar em algum lugar mais próximo do meio, mas, como o seu conjunto de dados era limitado, o modelo capta a mensagem e os dados de treino de ruído. Em essência, o modelo aprendeu muito bem os dados de treino e não conseguiu obter a imagem geral.

Com mais dados, o modelo pode obter médias mais precisas e começar a classificar o ruído. Isso faz sentido, mas como os cientistas de dados decidem quantos dados são suficientes?

Bem, essa resposta é parte das estatísticas e parte dos recursos de computação disponíveis. Também depende da complexidade do algoritmo.

Curvas de Aprendizagem

Quando os cientistas de dados têm muitos dados, eles usam algo chamado curva de aprendizagem para plotar a precisão da previsão versus o tamanho do conjunto de treino. Por exemplo, o algoritmo pode atingir 80% de precisão após 100 amostras de treino e 90% de precisão após 200 amostras. Os cientistas de dados podem seguir essa curva para ver onde a precisão atinge o máximo e quantas amostras de treino precisam chegar lá.

Validação Cruzada

Outra consideração para saber se você possui dados suficientes é a validação cruzada. Além dos dados de treino, os cientistas de dados reservaram parte do conjunto de dados original para testar se o algoritmo é bem-sucedido. Por exemplo, um esquema comum é a validação cruzada 10 vezes. O conjunto de dados original é dividido em 10 grupos iguais. Um grupo é separado e os cientistas de dados treinam o modelo a usar os nove grupos restantes. Em seguida, quando o treino do modelo é concluído, eles executam o modelo nos dados que reservam para testar a precisão com que ele é executado.

A validação cruzada leva mais tempo porque você precisa treinar os modelos e executá-los, geralmente comparando vários algoritmos para ver qual é o melhor. No entanto, o tempo extra vale a pena. A validação cruzada é essencial para a construção de um modelo de aprendizagem de máquina bem-sucedido, pois permite que os pesquisadores identifiquem e corrijam erros no início do processo.

Precisa ser bem rotulado

Para uma aprendizagem não supervisionada, tudo o que você precisa é de um bom e grande conjunto de dados. A partir daí, você pode tirar algumas conclusões sobre tendências ou clusters nos dados. No entanto, os aplicativos de aprendizagem não supervisionada são limitados nos tipos de conclusões que eles podem tirar. Para a maioria dos aplicativos de aprendizagem de máquina em que você deseja usar variáveis de entrada para prever um resultado, será necessário realizar uma aprendizagem supervisionada.

A aprendizagem supervisionada exige um conjunto de dados identificados com as respostas corretas. Uma maneira simples de pensar sobre isso é que o algoritmo fará um palpite e depois usará o rótulo para verificar a sua resposta. Se a resposta for correta, o algoritmo sabe aumentar o peso que atribui aos fatores que contribuíram para a resposta correta. Se a resposta for incorreta, o algoritmo diminuirá ou ajustará o peso que atribui aos fatores que produziram a resposta errada.

Obviamente, o desafio é que a maioria dos dados não é rotulada. Empresas e governos coletam uma quantidade enorme de dados todos os anos, mas esses dados não são fornecidos de maneira conveniente com as respostas. (Se assim fosse, não haveria muito uso para aprendizagem de máquina ou estatística preditiva!) Antes que possamos treinar um algoritmo de aprendizagem supervisionada, precisamos adicionar rótulos aos dados brutos para torná-los úteis.

Por exemplo, um algoritmo pode estar a funcionar com visão computacional e precisamos identificar corretamente sinais de STOP. Podemos ter várias imagens, mas precisamos examinar e rotular se existe ou não um sinal de STOP em cada uma das imagens.

A rotulagem de dados pode ser uma das partes mais caras e demoradas do treino de um algoritmo de aprendizagem de máquina. Também existe o risco de uma rotulagem ruim ou imprecisa poder introduzir tendências no conjunto de dados de treino e comprometer todo o projeto.

Se os dados ainda não tiverem rótulos, geralmente há duas maneiras de adicionar esses rótulos.

DADOS ROTULADOS POR HUMANOS

Frequentemente, usamos a aprendizagem de máquina para ensinar computadores a realizar tarefas nas quais nós humanos somos intuitivamente bons. O exemplo do sinal de STOP é bom. Quando vemos uma forma octogonal e vermelha com STOP, sabemos o que estamos a ver. Os nossos cérebros são ótimos para entender o contexto. Mesmo que não possamos ver o sinal inteiro, ele tem grafite ou está num ângulo estranho, ainda podemos identificar um sinal de STOP quando vemos um. Máquinas não podem fazer isso intuitivamente.

Como tal, geralmente a melhor maneira de rotular conjuntos de dados é os humanos fazerem isso. Os cientistas de dados empregam pessoas reais para examinar conjuntos de dados completos e fazer o trabalho que eventualmente o computador aprenderá a fazer. Pode ser identificar sinais de STOP nas fotos, estimar distâncias, ler palavras, reconhecer expressões faciais, interpretar mapas ou até fazer julgamentos estéticos ou éticos. Há um argumento a ser argumentado de que a rotulagem de dados pode ser o novo trabalho de colarinho azul da era da IA. A demanda por rotuladores será tão grande quanto todo o novo aplicativo de aprendizagem de máquina requer um conjunto de dados de treino.

As etiquetadoras humanas são ótimas nessas tarefas. No entanto, em comparação com os computadores, eles são lentos. Pagar pessoas reais para rotular dados também é caro, proibitivamente em alguns casos de uso. Como já abordamos acima, os seres humanos também são tendenciosos. Se um rotulador ou grupo de rotuladores tiver uma tendência, essa tendência provavelmente aparecerá no modelo final.

Uma consideração adicional é que às vezes os humanos não são tão bons em rotular. Eles podem julgar mal ou tirar conclusões precipitadas. Como seres humanos, confiamos demais nas nossas próprias opiniões, às vezes à custa da verdade objetiva. Quando implantamos a aprendizagem de máquina em casos de uso mais diferenciados, essas são todas as considerações que devemos levar em consideração.

Tudo isso dito, os humanos ainda são os melhores rotuladores de dados que temos. No entanto, agora há tentativas de fazer com que os computadores participem também da parte de rotulagem da aprendizagem de máquina.

Dados sintéticos

Os dados sintéticos são um campo emergente na aprendizagem de máquina. A ideia básica é usar um computador para gerar conjuntos de dados rotulados a partir do zero.

Veja o nosso problema do sinal de STOP, por exemplo. Podemos modelar um sinal de STOP num ambiente de CGI 3D. Em seguida, poderíamos renderizar imagens desse sinal de STOP de CGI em diferentes planos de fundo, ângulos e condições de iluminação. O conjunto de dados resultante teria uma grande quantidade de variação que poderíamos controlar. Já seria rotulado com base no facto do sinal de STOP aparecer na imagem renderizada.

Essa abordagem é interessante porque permite criar conjuntos de dados complexos muito rapidamente. Eles vêm pré-rotulados e formatados para serem alimentados num algoritmo. Também sabemos que os rótulos estão objetivamente corretos. Podemos medir várias variáveis no conjunto de dados sintético com alta precisão.

Obviamente, também existem desvantagens. O maior desafio é a transferência de domínio. Essas renderizações de imagem e outros tipos de dados sintéticos precisam ter fidelidade à palavra real. Por fim, o objetivo é que o modelo de aprendizagem de máquina funcione no mundo real. O medo é que, se treiná-lo em dados gerados por computador, o modelo possa ser bom em reconhecer sinais de STOP renderizados, mas não reais. A solução desses problemas de fidelidade e transferência de domínio é um grande desafio para os defensores dos dados sintéticos.

Os dados sintéticos também podem não ser necessariamente mais baratos que os dados rotulados por humanos. Criar um conjunto de dados sintético requer um alto nível de conhecimento. Pagar a esses especialistas envolveria um investimento antecipado significativo. Essa abordagem provavelmente só faz sentido quando você precisa de milhares de pontos de dados, pois um evento sintético de geração de dados pode ser dimensionado com muito mais facilidade do que dados rotulados por humanos.

Por fim, os dados sintéticos não podem ajudar com rótulos que são inerentemente baseados em humanos, como estética ou ética. Por fim, provavelmente terminaremos com uma combinação de dados sintéticos e humanos rotulados para aprendizagem supervisionada.

Capítulo 3. Escolher ou escrever um algoritmo de aprendizagem de máquina

Este capítulo pode ficar muito baralhado e confuso muito rapidamente. Isso ocorre porque os algoritmos de aprendizagem de máquina dependem de estatísticas e matemática complexas para gerar os seus resultados. Para entender realmente os algoritmos de Aprendizagem de Máquina (AM), você precisa estudar aprendizagem supervisionada / não supervisionada, análise de dados topológicos, métodos de otimização, estratégias de redução de dimensionalidade, geometria diferencial computacional e equações diferenciais. No entanto, como este é um livro para iniciantes, e não sou especialista em algoritmos de AM, evitarei as contas e farei o possível para explicá-las de maneira simples.

Existem programas de doutorado completos sobre o assunto de algoritmos de aprendizagem de máquina. Você pode passar anos a se tornar um especialista nesse campo, então não há como eu explicar tudo isso num capítulo do livro. Dito isto, se o conteúdo deste capítulo lhe interessar, fazer um doutorado em aprendizagem de máquina pode render muito. As empresas de tecnologia estão a adquirir doutorados e a oferecer salários de US $300 mil a US $600 mil para escrever os algoritmos para os mais novos e melhores aplicativos de aprendizagem de máquina.

Não tenho doutorado em aprendizagem de máquina e, se você está a ler este livro, provavelmente é um iniciante nos conceitos. Então, vamos dar uma olhada nas funções mais básicas de um algoritmo de aprendizagem de máquina, sem entrar na matemática.

Conceitos Básicos

Já abordamos os fundamentos de como a aprendizagem de máquina funciona. Agora, vamos nos aprofundar um pouco no que exatamente um algoritmo faz com os dados. Cada algoritmo é diferente, mas existem alguns pontos em comum entre eles:

- Inputs - Todos os algoritmos precisam de algum tipo de dado de entrada. Em aplicativos de ciência de dados, isso pode ser tão pequeno quanto uma única variável. Mais provavelmente, no entanto, o modelo estará a aprender a relação entre dezenas, centenas ou mesmo milhares de variáveis a qualquer momento.

  Para aplicativos mais complexos, como visão computacional, precisamos de maneiras de transformar informações visuais em variáveis que o computador possa entender. Existem abordagens diferentes, dependendo do contexto e do problema que você está a tentar resolver.

Escusado será dizer que mesmo a inserção de dados num algoritmo pode ser complicada, antes mesmo que a máquina aprenda.

A escolha ou criação de um algoritmo depende muito dos dados que você precisa para o alimentar e do contexto.

- Vetores de saída - No final de qualquer projeto de aprendizagem de máquina, você deseja algum tipo de saída. No entanto, nem sempre é claro exatamente quais os dados que você precisa para satisfazer o seu projeto. Escolher vetores de saída pode ser mais complicado do que parece à primeira vista.

  Obviamente, para muitos projetos, o resultado será óbvio, dependendo dos seus objetivos. No entanto, à medida que a aprendizagem de máquina entra em áreas mais diferenciadas e ambíguas, a escolha e a coordenação de resultados podem ser uma tarefa em si. Você não pode escolher o algoritmo certo para o seu projeto se não tiver uma ideia clara do resultado esperado.

- Ajuste - Os algoritmos de aprendizagem de máquina usam loops de feedback para ajustar um modelo aos dados. Isso pode acontecer de diferentes maneiras. Às vezes, um algoritmo tenta uma combinação aleatória de fatores até começar a trabalhar, e essa combinação recebe um peso maior em futuros testes de treino. Outras vezes, o algoritmo possui um método incorporado para encontrar e ajustar uma tendência nos dados que gradualmente se ajusta ao longo do tempo.

É aqui que os cientistas de dados precisam de ter cuidado. Às vezes, um algoritmo aprende a ajustar muito bem os seus dados de treino. Ou seja, o modelo tornou-se muito específico para os dados nos quais foi treinado e não prevê mais tendências ou classificações gerais no mundo real. Em essência, o algoritmo aprendeu os seus dados de treino muito bem. Isso é chamado de "ajuste excessivo" e é um conceito importante para entender na aprendizagem de máquina. Quando os cientistas de dados treinam modelos, eles precisam garantir que os seus modelos sigam uma linha tênue entre fazer previsões específicas e serem precisas em geral.

Os cientistas de dados passam muito tempo a pensar e a ajustar os seus algoritmos para reduzir o excesso de ajustes. No entanto, eles também testam vários algoritmos de uma vez, lado a lado, para ver quais apresentam melhor desempenho após o treino.

Uma parte essencial da escolha ou gravação de um algoritmo é entender como o algoritmo se ajusta ao longo do tempo em resposta aos dados de treino. Esses ciclos de feedback geralmente são onde a matemática complexa entra em cena para ajudar o algoritmo a decidir quais fatores contribuíram para o seu sucesso e, portanto, devem ser mais pesados. Eles também ajudam o algoritmo a determinar quanto aumentar ou diminuir o peso de um fator contribuinte.

TIPOS DE ALGORITMOS POPULARES

Ok, abordamos uma visão geral de como um algoritmo funciona. Vejamos alguns dos mais populares para obter detalhes mais específicos sobre como cada um deles funciona.

REGRESSÃO LINEAR

Este é um algoritmo simples que se baseia nos conceitos ensinados na maioria das aulas de Estatística 101. A regressão linear é o desafio de ajustar uma linha reta a um conjunto de pontos. Essa linha tenta prever a tendência geral de um conjunto de dados e você pode usá-la para fazer uma previsão de probabilidade para novos pontos de dados.

Existem várias abordagens para a regressão linear, mas cada uma delas é focada em encontrar a equação de uma linha reta que se encaixa nos dados de treino. À medida que você adiciona mais dados de treino, a linha é ajustada para minimizar a distância de todos os pontos de dados. Como tal, a regressão linear funciona melhor em conjuntos de dados muito grandes.

Esse é um tipo de algoritmo bastante simples, mas uma das principais máximas da aprendizagem de máquina é não usar um algoritmo complexo, onde um simples funciona da mesma maneira.

REGRESSÃO LOGÍSTICA

Se a regressão linear era uma linha reta num plano 2D, a regressão logística é o seu irmão mais velho que usa linhas curvas numa área multidimensional. É muito mais poderoso que a regressão linear, mas também é mais complexo.

A regressão logística pode lidar com mais de uma variável explicativa. É um algoritmo de classificação e as suas saídas são binárias (uma escala de 0 a 1). Como resultado, ele modela a probabilidade (por exemplo, ".887" ou ".051") de que a entrada faça parte de uma determinada classificação. Se você o aplicar a várias classificações, obterá a probabilidade do ponto de dados pertencente a cada classe. O mapeamento dessas probabilidades fornece uma curva multiplanar não linear, conhecida como "sigmóide". Regressão logística, o algoritmo mais simples para aplicações não lineares.

ÁRVORES DE DECISÃO

Se você viu um fluxograma, entende a ideia básica por trás de uma árvore de decisão. A árvore estabelece um conjunto de critérios; se o primeiro critério for um "sim", o algoritmo irá se mover ao longo da árvore na direção do sim. Se for um "não", o algoritmo move-se na outra direção. Os algoritmos da árvore de decisão ajustam os critérios e as respostas possíveis até que eles dêem uma boa resposta de forma consistente.

Na aprendizagem de máquina moderno, é raro ver uma única árvore de decisão. Em vez disso, eles geralmente são incorporados a outras árvores simultaneamente para criar algoritmos de tomada de decisão eficientes.

FLORESTA ALEATÓRIA

A floresta aleatória é um tipo de algoritmo que combina várias árvores de decisão. Ele introduz o conceito de "aprendiz fraco" no algoritmo. Basicamente, um aluno fraco é um preditor que se sai mal por si só, mas quando usado em conjunto com outros alunos fracos, a sabedoria das multidões produz um bom resultado.

Árvores de decisão implementadas aleatoriamente são os alunos fracos numa floresta aleatória. Cada árvore de decisão aprende como parte da implementação do algoritmo. No entanto, um forte preditor abrangente também está a aprender a combinar os resultados das várias árvores.

AGRUPAMENTOS K-MEANS

Este é um algoritmo de aprendizagem não supervisionada que tenta agrupar os dados num número k de clusters. Embora não seja supervisionado, o cientista de dados precisa fornecer orientações desde o início. Eles definirão imagens ou pontos de dados que devem ser o centro de cada cluster. Noutras palavras, pontos de dados que são arquetípicos do que o cluster representa. Ao longo do treino, todas as imagens ou pontos de dados são associados ao cluster ao qual estão mais próximos. Eventualmente, esses pontos de dados convergem com os seus clusters apropriados.

Existem outros métodos mais rápidos ou mais otimizados para cluster não supervisionado. No entanto, o K-means permanece popular porque é bem estabelecido, documentado e geralmente eficaz.

K-NEAREST NEIGHBORS

K-Nearest Neighbors (KNN) é um algoritmo de classificação. Ele compartilha algumas semelhanças com o K-Means Clustering, mas é fundamentalmente diferente porque é um algoritmo de aprendizagem supervisionada enquanto o K-Means não é supervisionado. Daí a pequena diferença na terminologia do agrupamento para a classificação. O KNN é treinado usando dados rotulados para que possa rotular dados futuros. O K-Means pode apenas tentar agrupar pontos de dados.

O KNN compara novos pontos de dados aos pontos de dados existentes do conjunto de dados de treino rotulado. Em seguida, procura os "vizinhos mais próximos" desses novos dados e associa esses rótulos.

ANÁLISE DE COMPOMENTES PRINCIPAIS

A Análise de componentes principais (PCA) reduz um conjunto de dados às suas principais tendências. É um algoritmo não supervisionado que você usaria num conjunto de dados muito grande para entender os dados em termos mais simples. Reduz as dimensões dos seus dados. No entanto, também se concentra na grande variação entre as dimensões (ou componentes principais), para que você não perca o comportamento do conjunto de dados original.

O QUE É PRECISO PARA ESCREVER UM NOVO ALGORITMO

Abordamos alguns dos principais algoritmos e existem vários outros que compõem o núcleo da teoria da aprendizagem de máquina. Além desses algoritmos básicos, no entanto, é raro alguém inventar algo verdadeiramente novo. Normalmente, novos algoritmos são melhorias nas teorias existentes. Ou eles personalizam um algoritmo para uso num novo cenário.

Parte do motivo pelo qual novos algoritmos raramente são inventados é porque é realmente difícil. Criar um algoritmo requer uma forte compreensão de matemática complexa. Também requer provas e testes extensivos. Além disso, os algoritmos óbvios e pouco pendentes já foram inventados.

Mas isso não é tudo. Bons algoritmos são eficazes e eficientes, uma combinação complicada de definir. A aprendizagem de máquina é um problema computacional com milhares de pontos de dados, além de um problema de matemática. Os algoritmos de depuração também podem ser muito difíceis, pois não é simples o que ocorreu de errado.

Sempre que possível, um projeto de aprendizagem de máquina deve aplicar os algoritmos testados e revisados já existentes. Codificar os seus próprios algoritmos a partir do zero ou misturar uma abordagem híbrida, é desaprovada porque pode introduzir erros, resultados lentos ou causar bugs.

Às vezes, desenvolvedores e cientistas de dados precisarão de ajustar ou implementar um algoritmo existente num novo contexto. Ou talvez um algoritmo existente não seja rápido o suficiente para o aplicativo desejado. No entanto, a maioria dos aplicativos de aprendizagem de máquina pode usar algoritmos e bibliotecas existentes de maneira eficaz, sem precisar codificar do zero.

Capítulo 4. Treinar & implementar um algoritmo

Este é o passo em que a aprendizagem de máquina real acontece. Depois de preparar o conjunto de dados, os cientistas de dados selecionam vários algoritmos semelhantes que eles acham que podem funcionar para realizar a tarefa em questão. Agora, o desafio é treinar esses algoritmos no conjunto de dados e comparar os resultados.

Geralmente, pode ser difícil dizer qual algoritmo funcionará melhor para um aplicativo de aprendizagem de máquina antes de iniciar. Por esse motivo, a melhor prática é treinar vários algoritmos no início, selecionar um ou alguns com o melhor desempenho e depois ajustá-los até obter um modelo que funcione melhor para as suas necessidades.

Quando dizemos "melhor", isso pode significar várias coisas. Obviamente, queremos que o modelo faça previsões precisas, para que a precisão seja um componente importante. No entanto, se o modelo exigir muito tempo ou recursos para obter esses resultados, poderá fazer mais sentido escolher um algoritmo mais simples. Obteremos resultados um pouco menos precisos, mas eles chegarão muito mais rapidamente.

PROGRAMAÇÃO ENVOLVIDA

A aprendizagem de máquina fica na interseção de estatística, cálculo e ciência da computação. Como lidamos com máquinas, naturalmente precisamos escrever instruções de aprendizagem de máquina numa linguagem de programação. Com o crescimento do interesse na AM, está-se a tornar rapidamente uma enorme área de crescimento para novos desenvolvedores de software. As habilidades em aprendizagem de máquina são altamente valiosas.

Até o momento, não falamos sobre as linguagens e abordagens de programação que os desenvolvedores usam para codificar e criar os seus aplicativos de aprendizagem de máquina. Esta secção será apenas uma breve visão geral dos principais players.

Python é de longe a linguagem mais popular para a criação de aplicativos de aprendizagem de máquina. É também o idioma preferido nas pesquisas de desenvolvedores sobre aprendizagem de máquina. Uma grande parte do sucesso do Python é a sua simplicidade em comparação com outras linguagens de programação. Além disso, a biblioteca de código aberto do Google de algoritmos de aprendizagem de máquina, TensorFlow, é baseada em Python. Os recursos e a comunidade são fortes para aplicativos de aprendizagem de máquina criados no Python.

Java e C/C++ seguem o Python por uma ampla margem de popularidade. Eles são idiomas mais antigos e permitem uma otimização de nível inferior do ambiente em que o algoritmo estará em execução. Java e C/C++ são usados em muitos aplicativos, não apenas na aprendizagem de máquina. Isso significa que existem muitos desenvolvedores por aí que entendem essas linguagens. Existem algumas bibliotecas de aprendizagem de máquina para esses idiomas, embora nada na escala do TensorFlow.

R é outra linguagem de programação que geralmente entra na conversa de aprendizagem de máquina. É uma linguagem especializada projetada para aplicativos de ciência de dados. Embora R certamente tenha o seu lugar na aprendizagem de máquina, é raro um projeto escolher R como idioma principal ou preferido. Em vez disso, é mais um idioma complementar aos listados acima.

Obviamente, é possível escrever código de aprendizagem de máquina em várias linguagens diferentes. Existem outras linguagens especializadas em determinadas áreas de estatística, ciência de dados ou modelagem. Julia, Scala, Ruby, Octave, MATLAB e SAS são todas as opções que ocasionalmente surgem em projetos de aprendizagem de máquina. No entanto, essas linguagens são as exceções e não a regra.

ESTÁTICO VS DINÂMICO

Depois de escolher uma linguagem de programação e instalar uma biblioteca para ajudar a implementar os algoritmos que você deseja executar, você estará pronto para começar a treinar os seus algoritmos.

Existem dois tipos de treino de aprendizagem de máquina. O primeiro é o treinto estático que recebe o treino off-line e termina a aprendizagem até que os cientistas de dados iniciem uma nova sessão de treino. O segundo é um treino dinâmico, em que o modelo continua a aprender na produção, indefinidamente.

Modelos estáticos são muito mais fáceis de construir. Eles também são mais fáceis de testar a precisão e tendem a ter menos problemas na implantação. Se os seus dados não estão a mudar ao longo do tempo ou estão a mudar muito lentamente, um modelo estático é o caminho a seguir, pois é mais barato e fácil de manter.

Modelos dinâmicos são muito mais trabalhosos para implementar. Eles também exigem monitoramento constante dos dados recebidos para garantir que eles não distorçam o modelo de forma inadequada. Como os modelos dinâmicos se adaptam às mudanças de dados, eles são muito melhores em prever coisas como mercados ou clima, onde os padrões estão constantemente em fluxo.

Engenharia de Ajustes & Recursos

O trabalho de um cientista de dados não pára com a seleção de alguns algoritmos e a sua execução. Para obter um desempenho ideal, a pessoa que programa o algoritmo deve definir os parâmetros de entrada que serão inseridos no algoritmo. Como os problemas de aprendizagem de máquina geralmente são complexos, pode ser difícil decidir quais parâmetros são relevantes e quantos incluir.

Tentar diferentes combinações de parâmetros e refinar a melhor combinação é conhecido como ajuste de algoritmo. Não há resposta certa absoluta aqui. Em vez disso, cada trabalho de ajuste é uma questão de corresponder o algoritmo ao contexto em que está a ser implantado.

Outro conceito relacionado ao ajuste é a engenharia de recursos. Às vezes, como no caso do reconhecimento de imagens, alimentar um computador com um fluxo de dados não é suficiente para que ele entenda o que está a ver. Embora a aprendizagem profunda e as redes neurais tenham progredido na frente dos computadores, aprendendo com as imagens, a engenharia de recursos é uma maneira útil de dizer ao computador o que procurar. Você pode criar um recurso que ajude o computador a identificar uma linha reta ou a borda de um objeto. Como você codificou esse recurso manualmente, não é tecnicamente aprendizagem de máquina, mas agora o computador sabe o que procurar.

Os recursos de engenharia podem aumentar drasticamente o desempenho.

ATIRAR FORA UM ALGORITMO

Se tudo correr bem, o resultado é um modelo que aprendeu a fazer previsões, clusters ou classificações com precisão nos seus dados.

No entanto, o lado sombrio da aprendizagem de máquina são algoritmos que não funcionam. Há muito tempo e dinheiro investido em aplicativos de aprendizagem de máquina no momento. Infelizmente, muitos desses aplicativos acabam sendo inúteis.

Talvez os algoritmos tenham sido mal escolhidos ou implementados. O mais provável é que o projeto não tenha dados suficientes ou o tipo certo de dados para ter sucesso. É subnotificado a frequência com que os projetos de aprendizagem de máquina falham.

O frustrante é que pode ser difícil dizer por que o seu projeto está a falhar. Você pode ter muitos dados, testar e ajustar muitos algoritmos sem sucesso. Isto é especialmente verdade com problemas complexos ou algoritmos que implementam redes neurais de várias camadas ou florestas aleatórias. É difícil dizer onde as coisas deram errado. Às vezes, os cientistas de dados investem muito tempo num projeto, apenas para descobrir que precisam atirar tudo fora e começar de novo com mais, novos ou diferentes dados.

Pode parecer uma secção estranha para incluir num livro tão otimista sobre a aprendizagem de máquina. No entanto, acho importante destacar que ainda não sabemos muito sobre a criação e o uso de projetos de aprendizagem de máquina. Projetos falham todo o tempo e corrigi-los é difícil. Essa é uma realidade importante da aprendizagem de máquina. É fundamental que reconheçamos que só porque um modelo de aprendizagem de máquina produz uma resposta não significa que ele esteja sempre certo ou incontroverso.

Devemos respeitar e admirar a aprendizagem de máquina como uma ferramenta. Mas no final, é apenas isso: uma ferramenta.

Capítulo 5. Aplicações do mundo real de aprendizagem de máquina

Agora que você tem um entendimento básico de como a aprendizagem de máquina funciona, é interessante dar uma olhada nos exemplos quotidianos de aprendizagem de máquina que você talvez nem tenha reconhecido.

Transporte

Ao abrir o Google Maps para obter instruções, você usa um modelo dinâmico de aprendizagem de máquina. Ele usa dados do telefone móvel anonimizados de drivers na sua área para obter horários de deslocação para vários caminhos. O modelo também integra dados do Waze sobre encerramentos de estradas, acidentes e outros relatórios de usuários. Juntos, o modelo prevê o caminho mais rápida e o tempo estimado de chegada com base em informações em tempo real.

Lyft e Uber baseiam-se nesses dados com os seus próprios algoritmos de aprendizagem de máquina que geram preços dinâmicos e cálculo de tarifas. Eles também informam quanto tempo espera por um motorista e quando é provável que você chegue ao seu destino, inclusive respondendo a buscar e encaminhar outras pessoas no caso das opções de compartilhamento de passeios Uber Pool ou Lyft Line.

Esses mesmos cálculos de rota, logística e chegada também se aplicam a camiões de longa distância, remessas e até navegação de avião. Os modelos ajudam a prever a maneira mais rápida e segura de transportar mercadorias e pessoas, maximizando a eficiência.

RECOMENDAÇÕES DE PRODUTOS

Basicamente, sempre que uma empresa faz uma recomendação on-line, você pode assumir que um algoritmo de aprendizagem de máquina ajudou a fazer essa previsão. A Amazon sabe em quais produtos você se pode interessar, com base no que viu e comprou antes. A Netflix sabe quais os filmes que você gosta, porque aprende com todos os filmes que já assistiu antes.

Customers who bought this item also bought

Mastering Bitcoin for
Starters: Bitcoin and
Cryptocurrency...
› Alan T. Norman
⭐⭐⭐⭐☆ 166
Kindle Edition
$0.99

Blockchain Technology
Explained: The Ultimate
Beginner's Guide About...
› Alan T. Norman
⭐⭐⭐⭐☆ 76
#1 Best Seller in
Virtualization
Kindle Edition
$0.99

Isso é mais profundo do que apenas servir recomendações personalizadas, mas também se aplica à publicidade. O Facebook conhece uma tonelada de dados pessoais sobre si e eles estão a usar esses dados para personalizar quais anúncios eles mostram. O mesmo pode ser dito para o YouTube, Twitter, Instagram e todas as outras redes sociais.

Além disso, o Google usa as suas informações pessoais para personalizar os resultados que você recebe ao realizar uma pesquisa. Por exemplo, é mais provável recomendar empresas locais na sua cidade ou artigos de sites ou escritores que você já visitou. Semelhante às redes sociais, o Google também está a personalizar os seus anúncios para você. Não acredita em mim? Faça uma pesquisa no Google no seu navegador e faça a mesma pesquisa numa janela anónima no seu navegador (livra-se dos cookies e das informações de login). Para a maioria das pesquisas, especialmente os tópicos que você pesquisou antes, verá resultados diferentes.

Até a aprendizagem de máquina pessoalmente mudará a maneira como compramos produtos. Os principais retalhistas estão a analisar aplicativos de visão computacional que identificam o que você já tem na sua cesta e podem fazer recomendações. Outros sistemas estão a usar o reconhecimento facial para identificar quando os clientes estão perdidos ou confusos e podem notificar um funcionário para ajudar. Esses sistemas ainda estão a começar, mas representam a maneira como a aprendizagem de máquina se integra a todos os aspectos da vida, incluindo as interações homem-a-homem.

Finanças

Todo o grande banco está a usar a aprendizagem de máquina para ajudar a simplificar as suas operações. Na tecnologia regulatória, os algoritmos de aprendizagem de máquina podem ajudar os bancos a identificar se os seus processos e documentação estão em conformidade com os padrões do governo. Outros algoritmos de aprendizagem de máquina preveem as tendências do mercado ou fornecem informações sobre investimentos.

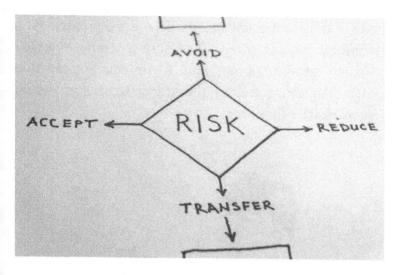

Para pedidos de empréstimos ou linhas de crédito, a aprendizagem de máquina pode ajudar os bancos a prever o risco de empréstimos a um determinado cliente. Esses modelos podem sugerir termos e taxas individualizados para o solicitante. No setor bancário, o reconhecimento de caracteres baseado em AM torna possível depositar um cheque usando a câmara do seu smartphone. A aprendizagem de máquina também pode detectar e impedir que transações fraudulentas sejam compensadas na sua conta.

Assistente de voz, Casas & Carros Inteligentes

Siri e Alexa contam com aprendizagem de máquina para entender e responder à fala humana. A IA de conversação é a vanguarda da aprendizagem de máquina e do treino em redes neurais. Ficamos muito bons em reconhecimento de fala e respondemos a perguntas básicas como "Qual será o tempo hoje?" O próximo desafio é obter uma IA de conversação que possa falar sobre música, literatura, eventos atuais ou outras ideias complexas.

O papel da voz só continuará a se expandir nos próximos anos, à medida que passamos a contar cada vez mais com os nossos assistentes pessoais. Isso é especialmente poderoso quando combinado com o movimento em direção a casas inteligentes e veículos autónomos. É possível imaginar um futuro em que você possa controlar todos os aspectos da sua casa e transportar intuitivamente a falar com um assistente de voz. Por sua vez, cada um desses sistemas - como termostatos inteligentes, sistemas de segurança inteligentes e carros autónomos - usa os seus próprios algoritmos de aprendizagem de máquina para executar as tarefas que precisamos deles.

Conclusões

Obviamente, existem muitos outros casos de uso de aprendizagem de máquina em saúde, manufactura, agricultura e em qualquer outro lugar das nossas vidas. A aprendizagem de máquina é útil em qualquer lugar onde haja dados e precisamos de ajuda para entender, prever ou usar esses dados.

A aprendizagem de máquina é poderosa e continuará a ganhar destaque nas nossas vidas diárias. Como tal, é importante que todos tenham um entendimento básico de como funciona, as possíveis falhas e as enormes oportunidades. Felizmente, este guia rápido para iniciantes forneceu uma base sólida para o leigo interessado no básico.

Dito isto, há muito mais na aprendizagem de máquina que não é coberto neste livro! Existem ótimos recursos disponíveis online e impressos para expandir ainda mais o seu conhecimento sobre essa importante tecnologia. Espero que este seja apenas o começo da sua jornada de aprendizagem de máquina.

Obrigado por ler.

Sobre o Autor

Alan T. Norman é um hacker orgulhoso, esclarecido e ético da cidade de San Francisco. Depois de receber um bacharelato em ciências na Universidade de Stanford. Alan agora trabalha para uma empresa de tecnologia da informação de tamanho médio no coração da SFC. Ele aspira a trabalhar para o governo dos Estados Unidos como um hacker de segurança, mas também adora ensinar aos outros o futuro da tecnologia. Alan acredita firmemente que o futuro dependerá fortemente de "geeks" de computadores, tanto para a segurança quanto para o sucesso de empresas e futuros empregos.No seu tempo livre, ele gosta de analisar e examinar tudo sobre o jogo de basquetebol.

LIVRO DE BONUS BITCOIN WHALES

ENCONTRE O LINK PARA O LIVRO DE BONUS ABAIXO

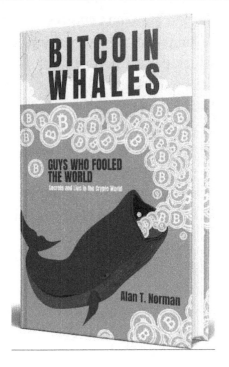

Link no Livro: http://bit.ly/2LprwpV

Outros Livros de Alan T. Norman:

Mastering Bitcoin for Starters

Cryptocurrency Investing Bible

BLOCKCHAIN TECHNOLOGY EXPLAINED

HACKING: COMPUTER HACKING BEGINNERS GUIDE

HACKING: HOW TO MAKE YOUR OWN KEYLOGGER IN C++ PROGRAMMING LANGUAGE

HACKED: KALI LINUX AND WIRELESS HACKING ULTIMATE GUIDE

Uma Última Coisa...

VOCÊ GOSTOU DO LIVRO?

SE É ASSIM, DEIXE-ME SABER DEIXANDO UM COMENTÁRIO NO AMAZON! Comentários são a força vital dos autores independentes. Eu apreciaria até algumas palavras e classificações se isso é tudo o que você tem tempo para

SE VOCÊ NÃO GOSTOU DO LIVRO ENTÃO DIGA-ME! Envie um e-mail para alannormanit@gmail.com e deixe-me saber do que você não gostou! Talvez eu possa mudar isso. No mundo de hoje, um livro não precisa de ser estagnado, ele pode melhorar com o tempo e o feedback de leitores como você. Você pode impactar este livro e agradecemos os seus comentários. Ajude a melhorar este livro para todos!